D1328985

OROCHIMARU

LES NINJAS D'OTO NO KUNI

ZAKU

KANKURÔ

GAARA

KAKASHI

DOSU

KIN

TEMARI

NARUTO, LE PIRE GARNEMENT DE L'ÉCOLE DES NINJAS DU VILLAGE CACHÉ DE KONOHA, EST MAINTENANT DEVENU UN BON CAMARADE DE SASUKE ET DE SAKURA. KAKASHI LES INVITE À PASSER L'EXAMEN DE SÉLECTION DES NINJAS DE "MOYENNE CLASSE". NARUTO ET SES COMPAGNONS PASSENT L'ÉPREUVE ÉCRITE SANS ENCOMBRE ET SE RENDENT SUR LE LIEU DE LA DEUXIÈME ÉPREUVE, "LA FORÊT DE LA MORT".

ALORS QUE, DANS LE CADRE DE L'EXAMEN, ILS TENTENT DE RÉCUPÉRER LE PARCHEMIN QUI LEUR MANQUE, ILS SE FONT ATTAQUER PAR UN MYSTÉRIEUX NINJA NOMMÉ OROCHIMARU. IL TERRASSE NARUTO, DÉPOSE UNE MARQUE MALÉFIQUE SUR LE CORPS DE SASUKE ET S'ÉVANOUIT DANS LES TÉNÈBRES. SAKURA SE RETROUVE ALORS SEULE POUR FAIRE FACE À L'ATTAQUE ÉCLAIR DES NINJAS D'OTO NO KUNI. MAIS SHIKAMARU ET SON GROUPE VOLENT À SON SECOURS ET ELLE SE TIRE DE CE MAUVAIS PAS. NARUTO ET LES SIENS AFFRONTENT ENSUITE, AVEC L'AIDE DE KABUTO, LE GROUPE MUBI ET S'EMPARENT DU ROULEAU MANQUANT : ILS SONT ENFIN SORTIS DE CETTE FORÊT !

SOMMAIRE

GLOUPS...

ゴクッ

ZAM

TERRE 死

CIEL 仙

64e ÉPISODE : LE MESSAGE DU HOKAGE...

!

!

!

64 EPISODE : LE MESSAGE DU HOKAGE...

HOMMES

FWASH

HOMMES

"HOMMES"...?

HEIN ?
ÇA VEUT
DIRE QUOI,
ÇA ?

!

YO !

ÇA
FAISAIT
UN BOUT
DE
TEMPS.

VOUS VENEZ DE RÉUSSIR LA DEUXIÈME ÉPREUVE.

BRAVO À TOUS LES TROIS.

HMM ?

J'AURAIS BIEN AIMÉ VOUS OFFRIR UN BOL DE NOUILLES À ICHIRAKU, MAIS...

POUR FÊTER DIGNEMENT VOTRE SUCCÈS...

TOM

EH ! DU CALME !!!

HOURRA !!!

ON A RÉUSSI !

ÇA Y EST ! ÇA Y EST !

LAISSE-MOI TERMINER...

MAIS ENFIN... NARUTO !!!

GÉNIAL !!!

YEAAAH !!!

TU VAS TE TAIRE !!

POF

IL EST INCREVABLE, CELUI-LÀ...

HAA...

DÉCIDÉMENT, TU NE CHANGES PAS, NARUTO.

TOUJOURS AUSSI SURVOLTÉ.

!

HUM...

JE COMMENCE À COMPRENDRE...

... SI NOUS AVIONS OUVERT LES ROULEAUX AVANT D'ARRIVER ICI ?

QU'AURIEZ-VOUS FAIT, MAÎTRE IRUKA...

?

?

SI ON LES AVAIT OUVERTS...

...

TOI NON PLUS, TU NE CHANGES PAS, SASUKE : TOUJOURS AUSSI PERSPICACE.

HOP

EN D'AUTRES TERMES, SI VOUS AVIEZ ENFREINT LES RÈGLES AU COURS DE L'ÉPREUVE ET DÉROULÉ LES PARCHEMINS...

VOUS L'AVEZ CERTAINEMENT COMPRIS...

CET EXAMEN VISAIT À TESTER VOS CAPACITÉS DANS DES CONDITIONS DE MISSION RÉELLE...

ET JE ME SERAIS ASSURÉ QUE VOUS PERDIEZ CONNAISSANCE JUSQU'À LA FIN DE L'ÉPREUVE.

... JE SERAIS APPARU JUSTE DEVANT VOUS...

PFYUU... ON L'A ÉCHAPPÉ BELLE...

MERCI MILLE FOIS !!!

KA... KABUTO !!!

!!

ET BEN...

HEUREUSEMENT QUE JE VOUS AI ARRÊTÉS À TEMPS, VOUS DEUX...

IL Y A UN PASSAGE QUI A ÉTÉ MANGÉ PAR LES MITES.

EN PLUS, C'EST DU CHARABIA, ON N'Y COMPREND RIEN.

!

AH ! AU FAIT, MAÎTRE !!!

QU'EST-CE QUE C'EST QUE CE TEXTE AU MUR ?

PUISQU'ON A PASSÉ LE TEST !!

GRRR...

LAISSE TOMBER ! ON S'EN TAPE MAINTENANT !!!

IL S'AGIT EN FAIT DES PRÉCEPTES DU NINJA DE MOYENNE CLASSE QUE LE TROISIÈME HOKAGE A LÉGUÉS AUX GÉNÉRATIONS FUTURES.

LISONS LE TEXTE...

SI TON CIEL DÉFICIENT S'AVÈRE, APPR... CONNAISSANCES ET SOIS PRÊT. SI... FAUT TE FAIT, É-LANCE-TOI DANS LES E... ES OÙ TA RÉCOMPENSE TU TROUVERAS. ...RRE TOUS DEUX OUVERTS, LES DANGERS ...ONT ET SUR LE DROIT CHEMIN TU ...DES ...... , L'ÉLITE TU ..., ET DE GUIDER, DIGNE TU SERAS. TROISIÈME

EUH...

C'EST AUSSI POUR VOUS EXPLIQUER ÇA QUE JE SUIS LÀ.

ET LA "TERRE", SON CORPS.

TOUT JUSTE ! LE "CIEL" DÉSIGNE LA TÊTE DE L'HOMME...

PFFF...

LES PRÉCEPTES ...?

PAR EXEMPLE POUR NARUTO, DONT LE CERVEAU EST LE POINT FAIBLE...

FWIP

"SI TON CIEL DÉFICIENT S'AVÈRE, APPROFONDIS TES CONNAISSANCES ET SOIS PRÊT."

CELA SIGNIFIE DONC QUE...

TU DOIS COMPRENDRE PAR LÀ : "TU NE NÉGLIGERAS PAS TES ENTRAÎNEMENTS QUOTIDIENS".

CETTE PORTION S'ADRESSE À SAKURA DONT LA FAIBLESSE RÉSIDE DANS LA FORCE PHYSIQUE...

HÉ HÉ...

ENSUITE...

"SI LA TERRE DÉFAUT TE FAIT, ÉLANCE-TOI DANS LES ÉTENDUES SAUVAGES OÙ TA RÉCOMPENSE TU TROUVERAS."

... POUR PRÉPARER TES MISSIONS."

IL FAUT "ÉTUDIER TOUTES SORTES DE CHOSES...

GRRR...

DE QUOI J'ME MÊLE !

HI HI HI

QUELS QUE SOIENT LES DANGERS QUI SE DRESSERONT DEVANT LUI, IL SERA CAPABLE D'ACCOMPLIR SA MISSION ...

ENFIN, LA DERNIÈRE PARTIE DÉSIGNE CELUI QUI EST PARVENU À LA PARFAITE MAÎTRISE DE SON CORPS ET DE SON ESPRIT.

POUR LE MOT MANQUANT ...?

D'ACCORD MAIS...

AUTREMENT DIT, C'EST UNIQUEMENT EN COMBINANT LE MENTAL ET LE PHYSIQUE QUE L'ON PEUT ACCOMPLIR UNE MISSION EN TOUTE SÉCURITÉ.

FLAP

C'EST TOUT SIMPLE : C'EST LE MOT INSCRIT SUR LE PARCHEMIN QUI VIENT SE PLACER DANS CET ESPACE VIDE.

IL S'AGIT DONC DU MOT "HOMMES", QUI A ICI LE SENS CACHÉ DE "NINJAS DE MOYENNE CLASSE".

SMILE

ET VOUS AVEZ BRILLAMMENT TRIOMPHÉ.

AU COURS DE CET EXERCICE DE SURVIE DE CINQ JOURS, VOS CAPACITÉS DE BASE DE NINJAS DE MOYENNE CLASSE ONT ÉTÉ MISES À L'ÉPREUVE.

LE NINJA DE MOYENNE CLASSE CORRESPOND AU GRADE DE COMMANDANT. UNE DE SES RESPONSABILITÉS CONSISTE À DIRIGER UNE ÉQUIPE.

VOUS ALLEZ MAINTENANT PASSER L'ÉPREUVE SUIVANTE, AUSSI TÂCHEZ DE NE PAS OUBLIER CE PRÉCEPTE :

LA COMBINAISON SYSTÉMATIQUE DU SAVOIR ET DE LA FORCE PHYSIQUE EST INDISPENSABLE À LA RÉUSSITE D'UNE MISSION !

OK, MAÎTRE !!

C'EST ICI QUE S'ACHÈVE MON RÔLE DE MESSAGER.

VOILÀ.

LA TROISIÈME ET DERNIÈRE ÉPREUVE EST PÉRILLEUSE.

SOYEZ PRUDENTS...

JE SUIS PLUS À L'ACADÉMIE, MAINTENANT !!

ALORS VOUS FAITES PAS DE BILE POUR MOI !!!

J'SAIS PAS SI VOUS SAVEZ, MAIS J'AI REÇU MON BANDEAU FRONTAL.

JE M'ADRESSE TOUT PARTICULIÈREMENT À TOI, NARUTO...

ALORS, PEUT-ÊTRE QUE JE SUIS TOUJOURS SURVOLTÉ...

... MAIS JE NE SUIS PLUS UN GAMIN !!

C'EST BIEN VOUS QUI ME L'AVEZ REMIS, MAÎTRE IRUKA !

DÉSORMAIS...

JE SUIS UN NINJA, UN VRAI !!!

•••

EXCUSE-MOI...

TU AS RAISON...

MAIS TU RISQUES DE TE FAIRE DÉTESTER...

•••

TRÈS BIEN. PUISQUE TU SEMBLES TANT TE SOUCIER D'EUX, JE TE CHARGE DE CETTE ÉQUIPE...

S'ILS ÉCHOUENT, JE TIENS À LEUR ANNONCER PERSONNELLEMENT LA NOUVELLE.

JE LES CONNAIS MIEUX QU'QUICONQUE.

CE SONT LES GAMINS DE KAKASHI, NON ?

IL LES A RECOMMANDÉS CHAUDEMENT, J'ATTENDS BEAUCOUP D'EUX.

... CEPEN- DANT ...

JE VOUS REMERCIE.

Shooop

C'EST MOI QUI SUIS LEUR MAÎTRE.

TU N'AS AUCUN DROIT DE DÉCISION ! NARUTO ET LES AUTRES NE SONT PLUS TES ÉLÈVES... À PRÉSENT...

... QUI CONNAÎT LE MIEUX LA VÉRITABLE FORCE DE CES ENFANTS...

DANS LE FOND, C'EST PEUT- ÊTRE TOI, KAKASHI ...

HÉ HÉ...

HUMPF ...

ALORS ? LA MARQUE MALÉFIQUE TE FAIT ENCORE SOUFFRIR ?

POURQUOI RÉAPPARAIT-IL MAINTENANT ?

C'EST UN INDIVIDU EXTRÊMEMENT DANGEREUX, CLASSÉ "S", NOS SERVICES SECRETS N'ONT JAMAIS RÉUSSI À METTRE LA MAIN DESSUS. CERTAINS LE PRÉTENDENT MÊME MORT.

EN TOUT CAS ...

OROCHIMARU EST BIEN L'UN DES TROIS NINJAS LÉGENDAIRES DE KONOHA, N'EST-CE PAS ?

GRÂCE À VOUS, ÇA S'EST NETTEMENT AMÉLIORÉ.

NON ...

POUR SASUKE, N'EST-CE PAS ?

PROBA-BLEMENT POUR...

IL ME FAUT CE GARÇON, VOIS-TU.

LE SANG DE LA LIGNÉE DES UCHIWA COULE DANS SES VEINES...

BIP

MAITRE ANKO !!

PAR-DON ?

EN TOUT CAS, NOUS DEVONS POURSUIVRE L'EXAMEN.

MAIS IL FAUDRA SURVEILLER DE TRÈS PRÈS LES AGISSEMENTS D'OROCHIMARU...

ENTEN-DU...

AVANT DE LANCER LA TROISIÈME ÉPREUVE, JE CRAINS QUE NOUS NE SOYONS OBLIGÉS DE RECOURIR AUX TESTS DE SÉLECTION PRÉLIMINAIRES PRÉVUS PAR LE RÈGLEMENT, COMME IL Y A CINQ ANS.

JE CONFIRME QUE 21 PARTICIPANTS ONT PASSÉ LA DEUXIÈME ÉPREUVE AVEC SUCCÈS.

LA DEUXIÈME ÉPREUVE EST OFFICIEL-LEMENT TERMINÉE.

LE PETIT MONDE DE
MASASHI KISHIMOTO
ENFANCE 5

VERS LA FIN DE L'ÉCOLE PRIMAIRE, JE ME SUIS PRIS DE PASSION POUR LES MANGAS DU JUMP, ESSENTIELLEMENT GRÂCE À L'ADAPTATION EN SÉRIE TÉLÉVISÉE DE DRAGON BALL. BIEN AVANT ÇA, MON FRÈRE ET MOI ÉTIONS DÉJÀ FOUS DE LA SÉRIE "KINNIKUMAN"*, ET ON S'AMUSAIT COMME DES IDIOTS À DESSINER NOS PROPRES SUPER HÉROS. POUR LA PETITE HISTOIRE : MON FRÈRE AVAIT INVENTÉ BEETTLE-MAN (L'HOMME-SCARABÉE), MOI, J'AVAIS ÉTÉ SÉDUIT PAR LES QUALITÉS SONORES DES NOMS DE CONDIMENTS, ALORS QUE JE CHERCHAIS MON INSPIRATION DANS LE FRIGO POUR MON PROCHAIN SUPER HÉROS. C'EST AINSI QUE NAQUIRENT WASABI-MAN ET MOUTARDE-MAN. C'ÉTAIT, À N'EN PAS DOUTER, L'INFLUENCE DE CURRY-COOK, L'UN DES PERSONNAGES DE KINNIKUMAN. AVEC LE RECUL, JE ME DIS QUE J'AVAIS DES IDÉES VRAIMENT NULLES, MAIS À L'ÉPOQUE JE TROUVAIS ÇA SUPER.

*KINNIKUMAN : SÉRIE ADAPTÉE DU MANGA DU MÊME NOM. ELLE FUT DIFFUSÉE EN FRANCE SOUS LE TITRE DE "MUSCLE MAN".

À CETTE ÉPOQUE J'AI AUSSI DÉCOUVERT LA SÉRIE TÉLÉVISÉE DE "KEN LE SURVIVANT". ÇA A ÉTÉ UN CHOC.
À L'ÉCOLE, LORSQUE MON GROUPE ÉTAIT DE CORVÉE DE NETTOYAGE, NOUS DEVIONS JETER LES ORDURES DE LA CLASSE EN TRANSPORTANT UNE LOURDE POUBELLE EN FER JUSQU'À L'INCINÉRATEUR SITUÉ DANS UN COIN DE LA COUR. NOUS JOUIONS ALORS À NOUS FAIRE DES TROUS IMAGINAIRES DANS LES TEMPES AVEC LE DOIGT EN FAISANT DES EFFETS SPÉCIAUX AVEC LA BOUCHE : "J'AI ATTEINT UN POINT VITAL DE TON ORGANISME. TU VAS PORTER LES POUBELLES À L'INCINÉRATEUR !" ET DANS LA BONNE HUMEUR GÉNÉRALE, ON RESPIRAIT DE GRANDES BOUFFÉES DE DIOXINE : À L'ÉPOQUE PERSONNE NE SAVAIT CE QUE C'ÉTAIT.
C'ÉTAIT VRAIMENT TRÈS COOL, LES ANIMÉS DES SÉRIES DU JUMP.

TOUT D'ABORD, JE TIENS À VOUS FÉLICITER ~

... D'AVOIR PASSÉ LA DEUXIÈME ÉPREUVE !!!

65e ÉPISODE : AU PÉRIL DE SA VIE !!

AVANT L'ÉPREUVE, JE LEUR AI DIT QU'IL N'EN RESTERAIT QUE LA MOITIÉ, MAIS EN RÉALITÉ, JE PENSAIS QU'ILS SERAIENT MOINS D'UNE DIZAINE.

HÉ HÉ... LES PARTICIPANTS ÉTAIENT 78. IL N'EN RESTE PLUS QUE 21...

LE GROUPE DE SASUKE EST LÀ AUSSI. ♡

J'AI LA DALLE !

IL RESTE ENCORE TOUT CE MONDE, QUELLE GALÈRE !

ガシガシ

BLOIIRG BLOIIRG

TON ÉQUIPE S'EST BIEN DÉBROUILLÉE... MAIS ELLE A EU SURTOUT BEAUCOUP DE CHANCE...

MALHEUREUSEMENT, AVEC MON ÉQUIPE TOUJOURS EN COURSE, TES PETITS PROTÉGÉS N'ONT PLUS AUCUNE CHANCE.

QU'EST-CE QU'IL M'ÉNERVE PARFOIS...

IL M'A BIEN EU ! KAKASHI, MON RIVAL DE TOUJOURS...

!!

KZIIIM

TU DISAIS QUELQUE CHOSE ?

HEIN ?

ET OUI, KAKASHI, LA JEUNESSE RÉSERVE AUSSI SA PART D'AMERTUME...

SEULS LES MEILLEURS POURRONT PASSER LA PROCHAINE ÉPREUVE.

ÇA VA CHAUFFER...

MAÎTRE GAÏ A LE MEILLEUR LOOK DE TOUTE L'ASSEMBLÉE DE MAÎTRES ! IL RESPLENDIT !!!

SUR LE PLAN ESTHÉTIQUE, MAÎTRE GAÏ PERD À PLATE COUTURE...

VOICI DONC L'ÉTERNEL RIVAL DE MAÎTRE GAÏ...

IL NE RESTE QUE LES MEILLEURS...

SASUKE UCHIWA

REGARDEZ-MOI MAÎTRE ! MOI AUSSI JE VAIS RESPLENDIR !

TU VAS PAYER CHER POUR M'AVOIR BRISÉ LE BRAS, SASUKE...

...

SCRUT

IL NE RESTE DONC QUE 7 ÉQUIPES SUR 26...

AKAMARU N'A PAS L'AIR DANS SON ASSIETTE...

SACRÉ GAARA... IL N'A PAS UNE ÉGRATIGNURE

SOYEZ TOUS TRÈS ATTENTIFS !!!

MAITRE HOKAGE VA MAINTENANT DÉVOILER LES MODALITÉS DE LA TROISIÈME ÉPREUVE.

JE COMPRENDS POURQUOI ILS ONT TOUS TENU À RECOMMANDER LEURS ÉLÈVES...

AHEM.

MAITRE HOKAGE, SI VOUS VOULEZ BIEN...

... LE VÉRITABLE OBJECTIF DE CET EXAMEN.

JE VOUDRAIS VOUS EXPOSER DE LA FAÇON LA PLUS CLAIRE POSSIBLE ...

AVANT DE VOUS EXPLIQUER EN QUOI CONSISTE CETTE TROISIÈME ÉPREUVE ...

?!?

?

AVEZ-VOUS DÉJÀ RÉFLÉCHI À CECI : POURQUOI CET EXAMEN RÉUNIT-IL DES RESSORTISSANTS DE TOUS LES PAYS DE L'ALLIANCE ?

LE VÉRITABLE OBJECTIF...?!

CET EXAMEN, EN VÉRITÉ...

POUR RENFORCER LES LIENS D'AMITIÉ DE NOS PAYS ? OU POUR AMÉLIORER LE NIVEAU GLOBAL DES NINJAS ?

IL SERAIT REGRETTABLE QUE VOUS VOUS MÉPRENIEZ SUR CE POINT...

...

ZOP

...

EN VÉRITÉ...?

... EST UNE GUERRE À ÉCHELLE RÉDUITE ENTRE LES PAYS DE L'ALLIANCE.

ON Y VOIT UNE LONGUE SUITE DE LUTTES ENTRE PAYS VOISINS POUR OBTENIR LE POUVOIR.

SI L'ON SE PENCHE SUR L'HISTOIRE...

Q... QU'EST-CE QU'IL VEUT DIRE ?

?!

C'EST PAS POUR CHOISIR LES NINJAS MOYENS, PLUTÔT ?

ÇA RIME À QUOI ? C'EST DU N'IMPORTE QUOI TOUT ÇA !

C'EST AINSI QU'EST NÉ L'EXAMEN DE SÉLECTION DES NINJAS DE MOYENNE CLASSE.

ET C'EST POUR S'ÉPARGNER LE COÛT D'UNE GUERRE INUTILE QU'ILS ONT CHOISI CE LIEU POUR S'AFFRONTER...

QUE LES NINJAS VIENNENT SE BATTRE EN CE LIEU AU PÉRIL DE LEUR VIE.

MAIS C'EST AVANT TOUT POUR LE PRESTIGE DE LEUR PAYS...

CERTES... C'EST BIEN SÛR POUR NOUS UN MOYEN D'ÉVALUER LES NINJAS...

ET JE NE PEUX PAS NIER, EN EFFET, LE CARACTÈRE SÉLECTIF DE L'ÉPREUVE...

... ASSISTERONT ÉGALEMENT À VOS COMBATS.

EN OUTRE, LES CHEFS DES CONFRÉRIES NINJAS ET LES SEIGNEURS DES DIFFÉRENTS VILLAGES CACHÉS...

LES SEIGNEURS DES DIFFÉRENTS PAYS ET LES PERSONNALITÉS ÉMINENTES, QUI SONT NOS EMPLOYEURS...

SERONT VOS SPECTATEURS POUR CETTE ÉPREUVE.

LE PRESTIGE DES PAYS ...?

•••

ET À L'INVERSE LES PETITS PAYS FAIBLES...

PEINERONT POUR TROUVER DES PROPOSITIONS DE CONTRAT.

UN GRAND NOMBRE DE CHOSES DÉPENDRA DES RÉSULTATS.

LES COMMANDES DE TRAVAIL AFFLUERONT IMMANQUA-BLEMENT VERS LES PAYS FORTS.

C'EST POUR ÇA QU'ON DOIT RISQUER SA VIE...?!

ET ALORS, QUOI ?!

EN D'AUTRES TERMES, IL Y AURA DES RÉPERCUSSIONS SUR LA POLITIQUE ÉTRANGÈRE.

DE LA MÊME FAÇON, UN PAYS CERTAIN DE LA SUPÉRIORITÉ MILITAIRE DE SON VILLAGE,

N'HÉSITERA PAS À MENACER LES PAYS LIMITROPHES.

LA PUISSANCE D'UN VILLAGE, À CELLE DE SES NINJAS.

LA PUISSANCE D'UN PAYS SE MESURE À CELLE DE SON VILLAGE.

...

... SE RÉVÈLE DANS LE COMBAT OÙ SA VIE EST EN JEU.

ET LA FORCE RÉELLE DU NINJA ...

C'EST POUR CELA QUE VOUS DEVEZ BRILLER.

C'EST POUR CELA QU'ON VIENT VOUS REGARDER.

VOS PRÉDÉCESSEURS SE SONT BATTUS POUR DEVENIR DES NINJAS DE MOYENNE CLASSE AVEC CE RÊVE EN TÊTE.

CET EXAMEN NE PREND SON SENS QUE SI L'ON S'Y BAT AU PÉRIL DE SA VIE.

POURQUOI PARLEZ-VOUS DE "LIENS D'AMITIÉ"?!

MAIS ALORS...

C'EST UNE TRADITION QUI VISE À PRÉSERVER LES ÉQUILIBRES DES FORCES, AU PRIX DE LA VIE.

IL ME SEMBLAIT POURTANT AVOIR ÉTÉ CLAIR !! NE VOUS MÉPRENEZ PAS !

C'EST CE QUE J'ENTENDS PAR "LIENS D'AMITIÉ" DANS LE MONDE DES NINJAS

IL NE S'AGIT PAS D'UN SIMPLE EXAMEN.

JE LE RÉPÈTE, AVANT QUE NE DÉBUTE CETTE TROISIÈME ÉPREUVE :

QUI SONT EN JEU DANS CETTE LUTTE.

CE SONT VOS RÊVES ET L'HONNEUR DU VILLAGE...

IL M'A CONVAINCU LE VIEUX. ÇA MARCHE !

...

IL S'AGIT DE... AHEM...

?

PASSONS MAINTENANT AUX MODALITÉS DE L'EXAMEN...

HUM ...

DÉBALLE-NOUS PLUTÔT TON SAC SUR L'EXAMEN.

QUEL BLA-BLA ...

PARDONNEZ MON INTRUSION, MAITRE HOKAGE...

JE SUIS HAYATE GEKKO.

J'AI ÉTÉ DÉSIGNÉ POUR ARBITRER LES RENCONTRES.

BIENVENUE À VOUS.

FWIP 不..

...

JE TE LAISSE LA PAROLE.

IL Y A UN DÉTAIL À RÉGLER.

KゴゴF ゴボッ

KゴゴF ゴボッ

AVANT QUE NE DÉBUTE LA TROISIÈME ÉPREUVE...

IL A PAS L'AIR FRAIS... IL VA NOUS CLAQUER ENTRE LES PATTES...

QU'EST-CE QUE C'EST ...?

DES QUALIFICATIONS ?!

!?!

MMM... IL S'AGIT DE LA PHASE PRÉLIMINAIRE ...

... QUI DONNE ACCÈS À L'ÉPREUVE ELLE-MÊME ...

NOUS NE PARTICIPERONS DONC PAS TOUS À LA PROCHAINE ÉPREUVE ?

MONSIEUR... JE NE SAISIS PAS TRÈS BIEN LE POURQUOI DE CETTE PHASE PRÉLIMINAIRE...

C'EST QUOI CETTE EMBROUILLE, ENCORE ?!

DES QUALIFS ...?!

DU COUP, IL RESTE UN PEU TROP DE MONDE.

HMM... LES DEUX PREMIÈRES ÉPREUVES ONT ÉTÉ, SEMBLE-T-IL, TROP FACILES...

COMME L'A INDIQUÉ MAÎTRE HOKAGE, DE NOMBREUX INVITÉS ASSISTERONT À CETTE ÉPREUVE.

... DE DIMINUER LE NOMBRE DES PARTICIPANTS.

DANS UN TEL CAS, LE RÈGLEMENT PRÉVOIT...

NOUS NE SOUHAITONS PAS EN FAIRE UNE ÉPREUVE INTERMINABLE. LE TEMPS IMPARTI SERA DONC LIMITÉ.

C'EST PAS JUSTE...

KOF
ゴボ
KOF
ゴボ

SUR
CE...

LES PHASES
ÉLIMINATOIRES
VONT DÉBUTER
DANS UN
INSTANT...

CEUX QUI
SE SENTENT
UN PEU *"JUSTES"*
PHYSIQUEMENT,
OU CEUX QUI
PRÉFÈRENT
SIMPLEMENT
ARRÊTER, DOIVENT
SE DÉCIDER
MAINTENANT.

QUOI,
MAINTENANT
..?!

GLOUPS...

J'AI
FAIT UNE
PROMESSE À
KABUTO... JE
VAIS PAS ME
LAISSER
ABATTRE !!

C'EST
REPARTI
!!!

•••

NIARK

J'ABANDONNE.

EUH...

KA... KABUTO.

HEIN?!

!!

L'IMPLORATION DE SAKURA

66e EPISODE

KABUTO...!

...!

...!!

KABUTO DU VILLAGE KONOHA, C'EST BIEN ÇA ?

TU PEUX DISPOSER...

BIEN...

AH, J'AI OUBLIÉ DE LE PRÉCISER : VOUS ALLEZ VOUS AFFRONTER LES UNS LES AUTRES EN COMBATS SINGULIERS.

PRENEZ VOTRE PROPRE DÉCISION ET LEVEZ LA MAIN SI VOUS LE DÉSIREZ.

PAS D'AUTRE CANDIDAT À L'ABANDON ?

....!!

...

...!

KABUTO... POURQUOI T'ARRÊTES-TU ICI ?! ENFIN EXPLIQUE-TOI !

48

ET LÀ, ON RISQUE SA VIE...

DÉSOLÉ... NARUTO... JE SUIS À BOUT DE FORCES.

EN FAIT, DEPUIS MON ACCROCHAGE AVEC LE TRIO D'OTO NO KUNI, AVANT MÊME LE TOUT DÉBUT DE L'EXAMEN, JE N'ENTENDS PLUS RIEN DE L'OREILLE GAUCHE...

•••

•••

しゅん

HMMM

FAMEUX CURRICULUM.

QUE MIJOTE-T-IL ?

OUI, IL A AUSSI DÉCLARÉ FORFAIT LA DERNIÈRE FOIS...

J'AI DÉJÀ VU CETTE TÊTE QUELQUE PART.

C'EST LA 6ᵉ FOIS QU'IL SE PRÉSENTE À L'EXAMEN.

KABUTO YAKUSHI... SON DOSSIER INDIQUE QUE...

PAR LA SUITE, IL A REMPLI DEUX MISSIONS DE TYPES C ET QUATORZE DE TYPE D.

IL N'A PAS PARTICULIÈREMENT BRILLÉ AU COURS DE SA CARRIÈRE MILITAIRE.

IL NE S'EST PAS BEAUCOUP ILLUSTRÉ DEPUIS L'ACADÉMIE, ET SES NOTES ÉTAIENT MOYENNES.

IL A OBTENU SON DIPLÔME À LA TROISIÈME TENTATIVE.

IL Y A UN DÉTAIL RELATIF À LA PÉRIODE ANTÉRIEURE À SON INTÉGRATION À L'ACADÉMIE.

CEPEND- ANT...?

CEPEND- ANT...

UN JEUNE RESCAPÉ DES RANGS ENNEMIS...

... QU'UN NINJA DE NIVEAU SUPÉRIEUR DE NOTRE UNITÉ MÉDICALE AVAIT DÉCIDÉ D'ADOPTER.

OUI, JE M'EN SOU- VIENS ...

... L'HISTOIRE DE L'ENFANT QUE L'ON A RAMENÉ DE LA BATAILLE DU COL DES CAMPANULES ...?

ÇA VOUS ÉVOQUE QUELQUE CHOSE...

ET, BIEN, C'EST NOTRE HOMME ...

... NARUTO... SASUKE... JE N'AVAIS PAS FINI DE M'AMUSER AVEC VOUS ...

MAIS SI CELA AVAIT DÛ SE PROLONGER ...

JÉTAIS POURTANT PRÊT À REMPLIR CETTE MISSION JUSQU'AU BOUT. QUEL DOMMAGE

JE DEVINE VOTRE INTÉRÊT, SI VOUS AVEZ TENU À VENIR EN PERSONNE ...

... NUL DOUTE QUE MON SANG AURAIT RECOMMENCÉ À BOUILLONNER.

ク71 coulc

HUN HUN HUN

PUISQUE VOUS PRENEZ LES CHOSES EN MAIN VOUS-MÊMES ...

IL EST TEMPS POUR MOI DE ME RETIRER.

JE SUIS UN ESPION APRÈS TOUT...

JE NE PEUX PAS RISQUER DE ME FAIRE DÉMASQUER ICI...

MAÎTRE OROCHI-MARU,

MON TRAVAIL DE COLLECTE D'INFORMATIONS S'ACHÈVE ICI.

N'AGIS PAS SUR UN COUP DE TÊTE !!!

AURAIS-TU OUBLIÉ LES ORDRES D'OROCHIMARU ?

CONTRAINT À FAIRE TAIRE TON SANG.

TU T'ES DRAPÉ DU MENSONGE DEPUIS TON PLUS JEUNE ÂGE.

ON DIRAIT QUE TU AS MAL DIGÉRÉ LE FAIT QUE JE T'AIE DÉPASSÉ...

TU VAS POUVOIR T'EN DONNER À CŒUR JOIE MAINTENANT.

PFUH... TU TE CROIS FORT PARCE QUE T'ES DANS LES PETITS PAPIERS D'OROCHIMARU, MORVEUX...

AVEC TOI DANS NOS RANGS, YOROI, TOUT IRA COMME SUR DES ROULETTES.

JE PARS CONFIANT.

•••

BIEN
COMPRIS
...

GRAND
CHEF.

FWUP

...

STAP

STAP

SMILE

PTAP
スッ

53

ET JE NE T'OUBLIE PAS NON PLUS, NARUTO...

SASUKE... ON SE RETROUVERA TÔT OU TARD...

KZILIM

PEUH... DE TOUTE FAÇON...

YOROI GÂCHE TOUT LE PLAISIR.

PLUS DE CANDIDAT AU RETRAIT, APPAREMMENT.

BON...

SASUKE... OH NON...

ENCORE UNE VAGUE DE DOULEUR... ELLES SONT DE PLUS EN PLUS RAPPROCHÉES...

URGH...

54

!?!
...

HEIN ?

NGH
...

QUOI ?

TU DEVRAIS T'ARRÊTER À LA PHASE ÉLIMINA-TOIRE, TOI AUSSI !

SA... SASUKE ...

TU NE PEUX PAS CONTINUER DANS CET ÉTAT-LÀ...!!

CETTE MARQUE TE FAIT ENCORE SOUFFRIR, N'EST-CE PAS ?

DEPUIS TON COMBAT AVEC CET OROCHIMARU, TU N'ES PLUS LE MÊME !

UNE MARQUE ...?

TU VIENDRAS CHERCHER DES POUVOIRS.

TU VIENDRAS ME TROUVER, SASUKE.

C'EST MON CADEAU D'ADIEU ...

TU NE PEUX PLUS ENDURER ÇA !

C'EST ÉVIDENT !!!

QU'ELLE SE TAISE...

JE SERAI FORCÉE DE PARLER DE LA MARQUE AUX PROFESSEURS... AU MOINS...

SI TU T'ENTÊTES...

LAISSE-MOI TRAN- QUILLE.

STACK

FWSH

!

SNIFF...

NE DIS RIEN, AU SUJET DE CETTE MARQUE...

JE NE VEUX PAS TE VOIR SOUFFRIR. POUR MOI TU ES...

POURQUOI TU JOUES LES DURS ?

ÇA TE REGARDE PAS.

PAS BESOIN DE TA COMPASSION.

!!

!!

J'AI UNE VENGEANCE À ACCOMPLIR.

SAKURA, JE TE L'AI DÉJÀ DIT.

?

JE VEUX JUSTE CONNAÎTRE MA FORCE...

... ET ME MESURER À DES ADVERSAIRES DE VALEUR.

!?!

...

JE ME FOUS MÊME DE DEVENIR NINJA DE MOYENNE CLASSE.

CE N'EST PAS UN SIMPLE EXAMEN POUR MOI.

...

QUEL EST TON NOM ?

...

ET ILS SONT RÉUNIS ICI.

DU DÉSERT.

NOUS DEVONS VÉRIFIER...

JE SUIS ROCK LEE

EN CONTRE-PARTIE, JE TE FAIS UNE PROMESSE.

QUEL-QUE CHOSE.

PLACEZ-LE EN QUARANTAINE, DANS LE QUARTIER DE SÉCURITÉ.

ÉCARTEZ-LE DE L'EXAMEN...

IL N'EST PAS DU GENRE À SE PLIER DOCILEMENT...

IL NE PEUT MÊME PLUS CONCENTRER SON CHAKRA, LA MARQUE MALÉFIQUE EN ABSORBERAIT TOUTE L'ÉNERGIE.

NE RACONTE PAS DE BÊTISES ! IL ARRÊTERA, DE GRÉ OU DE FORCE !

CETTE MARQUE RONGE LE CORPS DE L'ENSORCELÉ !

C'EST UN MEMBRE DE LA FAMILLE UCHIWA.

PARCE QUE, VOUS VOYEZ...

MAÏ... MAÎTRE HOKAGE !!!

NOUS NE POUVONS PAS IGNORER LA MENACE D'OROCHIMARU...

LAISSONS COMBATTRE SASUKE ET OBSERVONS COMMENT IL SE COMPORTE.

IL DEVRAIT DÉJÀ ÊTRE MORT, NORMALEMENT !

C'EST DÉJÀ IMPENSABLE QU'IL AIT PU RÉSISTER JUSQUE LÀ.

HUM

MAÎTRE HOKAGE !!!

ENTENDU.

AU MOINDRE SIGNE DE RÉVEIL DE LA MARQUE OU DE DÉPERDITION D'ÉNERGIE, STOPPEZ-LE.

VOUS VOUS AFFRONTEREZ EN COMBAT SINGULIER, UN CONTRE UN, DANS DES CONDITIONS DE COMBAT RÉEL.

AHEM...

LA PHASE ÉLIMINATOIRE VA DONC DÉBUTER...

EUH... LES VAINQUEURS PASSENT LE TOUR PRÉLIMINAIRE.

COMME VOUS ÊTES TOUT JUSTE 20, ÇA FAIT 10 COMBATS...

IL EST POSSIBLE QUE J'INTERVIENNE POUR L'INTERROMPRE...

CAR NOUS NE TENONS PAS À ACCUMULER LES CADAVRES.

SI JE JUGE QUE L'ISSUE DU COMBAT NE FAIT PLUS AUCUN DOUTE...

SI VOUS NE SOUHAITEZ PAS MOURIR, JE VOUS CONSEILLE VIVEMENT DE RECONNAÎTRE PROMPTEMENT VOTRE DÉFAITE.

IL N'Y A STRICTEMENT AUCUNE RÈGLE.

LE COMBAT SE POURSUIVRA JUSQU'À CE QUE L'UN DES 2 ADVERSAIRES MEURE, S'ÉCROULE OU SE DÉCLARE VAINCU.

OUVREZ.

ET MAINTENANT, POUR ÊTRE FIXÉS SUR VOTRE DESTIN...

SANS PLUS TARDER, J'APPELLE LES DEUX PREMIERS COMBATTANTS.

DEUX NOMS Y APPARAÎTRONT POUR CHAQUE RENCONTRE.

REGARDEZ BIEN LE PANNEAU ÉLECTRIQUE DEVANT VOUS.

SASUKE UCHIWA
VS
YOROI AKADÔ

LE PETIT MONDE DE MASASHI KISHIMOTO
ENFANCE 6

CE QUI EST SÛR, C'EST QUE VERS LA FIN DU PRIMAIRE, "DRAGONBALL" ÉTAIT UN PHÉNOMÈNE DE MODE IMPRESSIONNANT. JE N'AI JAMAIS ÉTÉ AUSSI ENTHOUSIASTE POUR UN DESSIN ANIMÉ DEPUIS, ET JE N'AI CESSÉ DE VÉNÉRER MAÎTRE TORIYAMA. J'AI REPRODUIT TOUS LES PERSONNAGES DE DRAGONBALL, DU PREMIER AU DERNIER. À CETTE ÉPOQUE, JE ME DÉBROUILLAIS POUR LIRE LA SÉRIE DANS LE JUMP DE MES AMIS, CAR JE N'AVAIS PAS D'ARGENT DE POCHE : JE DEVAIS ME CONTENTER DES ÉTRENNES DU NOUVEL L'AN, SANS AUTRES RENTRÉES SUR L'ANNÉE. JE NE POUVAIS DONC PAS DÉBOURSER LES 190 YENS HEBDOMADAIRES POUR ME PAYER LE JUMP.

AU DÉBUT JE NE LISAIS QUE DRAGONBALL, MAIS PEU À PEU J'AI PRIS CONSCIENCE DE LA QUALITÉ D'AUTRES MANGAS. JE ME SUIS MIS À LIRE "JOJO", "LES CHEVALIERS DU ZODIAQUE", "LE COLLÈGE FOU-FOU-FOU", ET J'AI AIMÉ LE JUMP EN SOI. C'EST À CETTE ÉPOQUE QUE J'AI PENSÉ : "C'EST SUPER COOL, LES MANGAS !" ET QUE J'AI DÉCIDÉ DE DEVENIR UN JOUR DESSINATEUR. C'EST ALORS QUE LE JEUNE KISHIMOTO, POURSUIVANT LE RÊVE IMPOSSIBLE D'ÊTRE PUBLIÉE DANS LE JUMP, A COMMENCÉ À DESSINER SES PROPRES MANGAS. JE ME SOUVIENS TRÈS BIEN DE "HIATARI", L'HISTOIRE D'UN JEUNE NINJA DE L'OMBRE.

...

HÉHÉ
...

SASUKE...

JE NE PEUX
PLUS RIEN
FAIRE POUR
TOI
MAINTENANT
...

SASUKE N'A PAS L'AIR DANS SON ASSIETTE.

TE FAIS PAS RÉTAMER !!!

SASUKE ! SI TU VEUX TE BATTRE AVEC MOI...

...

MONTREZ-NOUS DONC CE QUE VOUS SAVEZ FAIRE.

COURAGE, SASUKE !!

C'EST L'EFFET DE LA MALÉDIC-TION...

HÉHÉ... LA MARQUE MALÉFIQUE A L'AIR DE LE DIMINUER SÉRIEUSEMENT.

HUNG !!!

ZOM

LA DOULEUR N'A PAS L'AIR DE VOULOIR SE CALMER.

Kzum

BIEN, LE PREMIER COMBAT VA DÉBUTER.

BROUHAHA

BROUHAHA

コ゛ッ
ボッ

KEUFF

QUE TOUTES LES PERSONNES NON CONCERNÉES VEUILLENT BIEN GAGNER LA TRIBUNE.

SASUKE...

OHÉ ! MAITRE KAKASHI !!!

FTAP FTAP

!

...

SASUKE, TON SHARINGAN...

SI JE LE CONCENTRE, ELLE VOLERA MON ÂME ET BOIRA MON ÉNERGIE JUSQU'À LA DERNIÈRE GOUTTE.

LA MARQUE A L'AIR DE RÉAGIR À MON CHAKRA.

HÉHÉ...

CE SERAIT DE LA FOLIE D'UTILISER MON SHARINGAN DANS CE COMBAT.

JE VAIS DEVOIR ME CONTENTER DES TECHNIQUES CONVENTION- NELLES.

... TU NE POUVAIS PAS TOMBER PLUS MAL QU'AVEC YOROÏ.

D'UN POINT DE VUE TECHNIQUE ...

FAUT PENSER À UNE STRATÉGIE.

C'EST PAS TOUT ÇA...

NE COMMETS PAS D'IMPRU-DENCE, SASUKE.

QU'EST-CE QU'IL SE PASSE ? MES FORCES M'ABANDONNENT ...

MON CHAKRA... QUE FAIS-TU...?

SASUKE!!

!!

EN APPLIQUANT LA PAUME DE SA MAIN SUR LE CORPS DE SES ADVERSAIRES, IL ABSORBE LES ÉNERGIES VITALES DU CORPS ET DE L'ESPRIT. UNE TECHNIQUE EXTRAORDINAIRE.

VOILÀ LE POUVOIR OCCULTE DE YOROÏ : IL ASPIRE LE CHAKRA.

HÉ HÉ HÉ... TU AS PIGÉ, ON DIRAIT...

ZOOO   ZZZ ZZZ   ZOOO

BIEN... LIBÈRE DONC...

...TES EXCELLENTS POUVOIRS !

...MA MALÉDICTION TE BRISERA DÉFINITIVEMENT ET TU DEVIENDRAS MON ESCLAVE.

ET S'IL ASPIRE TOUT TON CHAKRA, SASUKE...

GWAAAARGH !!!

HUMF!

!!......

J'AI COMPRIS !!

C'EST LA FIN POUR TOI !! JE VAIS ASPIRER CE QU'IL TE RESTE DE CHAKRA !

TU VAS RESTER PLANTÉ LÀ ENCORE LONGTEMPS ?!

!!!

ÇA N'IRA PAS PLUS LOIN

!!......

MAIS, C'EST MA TECHNIQUE !

COMMENT...?!

STAP

FWAP

MAINTENANT, TU VAS GOÛTER QUELQUE CHOSE DE MON CRU.

LE PETIT MONDE DE
MASASHI KISHIMOTO
ENFANCE 7-1

IL S'EST PASSÉ TROP DE CHOSES À LA FIN DU PRIMAIRE POUR TOUTES LES ÉCRIRE. JE L'AI DÉJÀ DIT, J'ÉTAIS TELLEMENT FAN DES DESSINS DE MAÎTRE TORIYAMA QUE MON STYLE FINISSAIT PAR DEVENIR IDENTIQUE AU SIEN. UN JOUR JE SUIS TOMBÉ SUR UN DESSIN AU STYLE TRÈS PROCHE DE CELUI DE MAÎTRE TORIYAMA DANS LE SUPPLÉMENT JEUX VIDÉO DE JUMP. JE ME SUIS DIT ALORS : "C'EST QUOI CE JEU ?!! LA CLAAASSE...". ÉVIDEMMENT, C'ÉTAIT LUI LE CHARACTER DESIGNER ! J'ÉTAIS FOU D'EXCITATION. NUL BESOIN DE LE DIRE, IL S'AGISSAIT DE "DRAGON QUEST". IL ME LE FALLAIT ABSOLUMENT.

MAIS LÀ ENCORE, J'AI DÛ ME CONFRONTER À LA DURE RÉALITÉ : JE N'AVAIS PAS DE FAMICOM*, AU CONTRAIRE DE MES CAMARADES DE CLASSE. QUI PLUS EST, JE N'AVAIS PAS LE COURAGE DE FAIRE LA GUERRE À MES PARENTS POUR M'EN FAIRE OFFRIR UNE. J'IMAGINAIS TRÈS BIEN MON PÈRE ME GRONDER ET M'ENVOYER FAIRE MES DEVOIRS. MON FRÈRE ET MOI AVIONS DONC DÉCIDÉ D'EN OBTENIR UNE PAR UN AUTRE MOYEN ! JE ME SUIS MIS À NÉGOCIER AUPRÈS DE MES CAMARADES L'OCTROI D'UNE FAMICOM. LA LOGIQUE AURAIT VOULU QU'IL N'Y EÛT PERSONNE SUR CETTE TERRE POUR M'OFFRIR UNE CONSOLE DE 10000 YENS. ET POURTANT, IL Y EN EUT UNE. J'ÉTAIS AU COMBLE DE LA JOIE ET JE PORTAIS MON CAMARADE BIENFAITEUR AUX NUES.

(*FAMICOM : nom japonais de la console 8 bits Nintendo connue en europe sous le nom de "NES".)

STACK

C'EST LA FIN.

GHUU!

L'OMBRE DE LA FEUILLE MORTE...!

LA ROUE TOURNE !

!

KZIIIM

!!

NNGH...

C'EST UNE RÉACTION EN CHAÎNE

UUURGH

CE N'EST PAS VRAI ...!

SHRRRK

SMILE
ニヤ

...

JE T'EN
PRIE,
SASUKE
...

!!

NNGH

BROOSH
スブクク

TSSS... JE
NE PENSAIS
PAS VOUS
CAUSER
TANT DE
SOUCIS.

ARRÊTE
DE FRIMER,
DÉBILE !

JE T'EN
SUPPLIE,
ABANDONNE
...

IL A DONC ATTEINT SA LIMITE...

...JE VAIS ME FAIRE DÉVORER...

...PAR CETTE CHOSE...

NON ! JAMAIS !!!

SHUOOP

LA MARQUE SE RETIRE ! !!!

!

!!

SDOOOM

STAP

GNiii

HÉ HÉ, QUEL PETIT JOUEUR !!!

FWUP

!

PETIT JOUEUR...

PAS VRAIMENT BESOIN DE VÉRIFIER.

TRG TRG

ゴホッ ゴホッ

UUUNGH

HAA HAA HAA HAA

ZJUM

SASUKE UCHIWA, VAINQUEUR DU PREMIER MATCH, EST QUALIFIÉ POUR LA DERNIÈRE ÉPREUVE !

J'INTERROMPS LA RENCONTRE...

HAA HAA HAA

BRRR

BRAVO!!!

TSSS

...

MOUAIS ! TU T'ES PAS MAL DÉFENDU.

IL A DÛ GRAVER CETTE TECHNIQUE DANS SA MÉMOIRE LORSQU'IL S'EST FROTTÉ À ROCK LEE

LE PARADIS DU BATIFOLAGE

L'ENCHAÎNEMENT QUI A PRÉCÉDÉ "LA FUREUR DU LION" EST, SANS L'OMBRE D'UN DOUTE, EMPRUNTÉ AU TAIJUTSU DE GAÏ...

!

STOM

IL T'A SACREMENT AMOCHÉ, RIGOLO !!

SASUKE !! HÉ HÉ

QUELLE VICTOIRE MINABLE !

AH, CELUI-LÀ...

QUEL SOULA-GEMENT...

À MON TOUR MAINTENANT !

BRRR-BRRR

...

VWIILSH

AÏE

MAIS C'EST UNE TECHNIQUE DONT ON NE PEUT PAS FAIRE UN USAGE TROP INTENSIF.

SDOM

LEE... JE TE DOIS LA VIE, QUELQUE PART.

SI JE N'AVAIS PAS ÉTUDIÉ CE MOUVEMENT EN COMBAT RAPPROCHÉ, J'ÉTAIS CONDAMNÉ.

C'EST DONC À CE MOMENT-LÀ...!

SDOM

...

C'EST DONC ÇA, TON SECRET ... _ LE SHARIN-GAN !!

JE NE LUI AI FAIT QU'UNE SEULE FOIS, ÇA LUI A SUFFIT POUR COPIER MA TECHNIQUE.

ZWOOOSH

... QUE J'AI PEUR DE LUI.

JE CROIS BIEN ...

IL EST TRÈS IMPRESSIONNANT ...

PFUUU... AÏE.

HAA

IL DEVIENT DE PLUS EN PLUS FORT ...

HAA

CE N'EST PAS UN TOUR DE PASSE-PASSE QUE L'ON APPREND EN UN JOUR, MÊME AVEC UN SHARINGAN. ET JE DOIS AVOUER QUE SON IDÉE POUR COMPLÉTER L'ENCHAÎNEMENT ÉTAIT BRILLANTE.

LA TECHNIQUE DE LA FLEUR DE LOTUS EST UNE TECHNIQUE DE TAIJUTSU QUI NÉCESSITE UNE TRÈS GRANDE VITESSE D'EXÉCUTION ET QUE L'ON NE PARVIENT À MAÎTRISER QU'AU TERME D'UN LONG ET PÉNIBLE ENTRAÎNEMENT.

...

CE GARÇON ME RAPPELLE KAKASHI DANS SA JEUNESSE.

HAA

...

COMMENT A-T-IL PU DONNER LE MEILLEUR DU SHARINGAN DANS UN MOMENT PAREIL?

IL EST PHÉNO-MÉNAL...

... JE ME DEMANDE LEQUEL EST LE PLUS FORT.

ENTRE LE MEILLEUR DES ASPIRANTS DE L'ANNÉE DERNIÈRE, NEJI, ET CELUI DE CETTE ANNÉE, SASUKE...

C'EST DONC ÇA, LE SANG DE LA LIGNÉE DES UCHIWA.

C'EST STUPÉFIANT.

HAA

HAA

HAA

KZUM ピク...

IL A CONTRECARRÉ LA RÉACTION DE LA MARQUE MAUDITE AVEC SA FORCE D'ESPRIT.

IL EST SURPRENANT...

...

...

PARFAIT ! IL NE PERD RIEN POUR ATTENDRE !!!

TSSS... ON EST BON POUR SE LE RETAPER.

BOF
...

PAS DE QUOI EN FAIRE UN PLAT.

FABULEUX...

J'AI FAIM !

PFFF... ON N'IRA PAS BIEN LOIN.

KYAAA ! JE N'AI PAS DOUTÉ DE SASUKE UN SEUL INSTANT !

SUBLIME...

STOPP 1°

BRRR
フル フル
BRRR

IL N'EST PAS SOUS L'AUTORITÉ DE VOTRE UNITÉ.

SUIS-NOUS À L'INFIRMERIE. NOUS ALLONS FAIRE DE NOTRE MIEUX.

ASPIRANT UCHIWA !

STAP
H"

STAP
H"

MAINTENANT, TOI ET MOI, ON VA S'ÉCLIPSER DANS UNE ARRIÈRE SALLE...

C'EST MOI QUI M'OCCUPE DE LUI.

ET JE VAIS SCELLER TON MALÉFICE.

...

SANS PLUS TARDER, PASSONS AU MATCH SUIVANT.

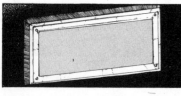

JE VEUX VOIR LES AUTRES RENCONTRES.

LAISSEZ-MOI AU MOINS REGARDER LA PHASE ÉLIMINATOIRE.

ET SI ON N'AGIT PAS VITE, LES EFFETS SERONT IRRÉVERSIBLES.

JE NE CÉDERAI PAS À TES CAPRICES UNE SECONDE FOIS.

IL FAUT QUE TU RESTES AU CALME.

HORS DE QUESTION !!!

ABUMI ZAKU VS SHINO ABURAME

ZAM

...

IL SORT D'OÙ CET AVORTON ?

LE PETIT MONDE DE
MASASHI KISHIMOTO
ENFANCE 7-2

MALGRÉ UNE EMBROUILLE AVEC MON PÈRE, J'AI PU ACHETER
DRAGON QUEST. C'EST LE PREMIER SOFT QUE J'AIE JAMAIS
ACHETÉ ET LE PREMIER RPG DE LA FAMICOM. J'AI LU LA NOTICE
SANS TROP COMPRENDRE, ET EN COMBATTANT UN SLIME, UNE
FENÊTRE EN SURIMPRESSION APPARUT DISANT "VOUS AVEZ
APPRIS LE HOIMI". JE NE SAVAIS PAS QUOI FAIRE. QUAND J'AI
CONSULTÉ LA NOTICE À "HOIMI" IL ÉTAIT ÉCRIT : "SORT
MAGIQUE QUE L'ON LANCE POUR RÉCUPÉRER DES POINTS DE VIE".
MAIS C'ÉTAIT PAS PLUS CLAIR POUR AUTANT. MON FRÈRE A ALORS
EU UN FLASH : IL A RETIRÉ LE PAD 2 DE LA FAMICOM ET L'A
REMPLACÉ PAR UN MICRO. JE L'AI ENTENDU CRIER "HOIMI !!"
DANS LE MICRO !

SASUKE~

!

69e ÉPISODE : UN TERRIFIANT VISITEUR !!

...

TU N'AS PAS REMARQUÉ UNE BLESSURE ÉTRANGE SUR LE COU DE SASUKE, PENDANT LE COMBAT ?

AU FAIT, SAKURA...

!

C'EST AUSSI ÇA, LE TRAVAIL EN ÉQUIPE...

IL NE FAUT PAS L'INQUIÉTER POUR RIEN.

DE NE PAS PARLER DE CETTE MARQUE À NARUTO.

PROMETS-MOI...

D'AC-CORD !

VRAIMENT?

NON, JE NE VOIS PAS DE QUOI TU PARLES.

LE DEUXIÈME COMBAT VA DÉBUTER.

VOTRE ATTENTION, S'IL VOUS PLAIT...

69e ÉPISODE : UN TERRIFIANT VISITEUR !!

IL VEUT SE BATTRE QUAND MÊME ...?

C'EST CELUI À QUI SASUKE A BRISÉ LE BRAS ...

C'EST UN DES NINJAS D'OTO NO KUNI

...

FRANCHEMENT, J'AIMERAIS PAS AVOIR À ME FROTTER À LUI !

TE FAIS PAS DE SOUCI, IL EST TRÈS FORT !!!

... JE M'IN-QUIÈTE POUR SHINO.

PRÊTS ? COMMENCEZ !

...

SWUP
スッ

MONTRE-
LUI... JE
VEUX PAS
LOUPER
ÇA...

VAS-Y,
ZAKU...

... CE SERA
SUFFISANT
POUR
T'ÉCRASER
!!!!

DÉCLARE
FORFAIT...

SI TU
TE BAS,
TU NE T'EN
RELÈVERAS
PAS.

STAP

FWOP

MÊME SI
JE NE PEUX
COMPTER QUE
SUR UN
BRAS...

ズッ FWP

TU NE PEUX PAS ME VAINCRE AVEC UN SEUL BRAS.

BOUFFE ÇA !

TU VAS LA FERMER !!!

HAA

SI UN JOUR TU CESSES DE CROIRE EN TOI ET QUE TA VOLONTÉ VACILLE...

HAA

RIEN NE POURRA PLUS RETENIR LE MALÉFICE.

...TA VOLONTÉ SERA LA CLÉ DE VOÛTE DE SA SOLIDITÉ, SASUKE.

SEULE-MENT...

SI LA MALÉDICTION TENTE DE SE RÉVEILLER...

LE SCEAU AURA LA FORCE DE LA CONTENIR.

TU ES EXTÉNUÉ... JE T'AI RAREMENT VU DANS UN TEL ÉTAT.

ドサッ
BOM

BRRR
フラ..

QUI VA LÀ ?

JE DOIS DIRE QUE TU AS FAIT BIEN DU CHEMIN.

STIP

LA TECHNIQUE DU SCEAU N'A PLUS DE SECRET POUR TOI, JE VOIS.

KZIIM

OROCHI-MARU...

...

IL EN EST PASSÉ DU TEMPS, DEPUIS NOTRE DERNIÈRE RENCONTRE, KAKASHI.

MAIS POUR LE GOSSE DERRIÈRE TOI.

JE NE VOUDRAIS PAS ÊTRE VEXANT, MAIS JE NE SUIS PAS LÀ POUR TOI...

QUE VEUX-TU À SASUKE ?

STAP

ズ ル

TU SAIS BIEN...

AUTREFOIS, TU N'EN POSSÉDAIS PAS...

?!

TU AS ATTEINT TON OBJECTIF...

HUN... TU N'ES PAS À PLAINDRE, TOI.

... DE QUOI JE PARLE...

LE SHARINGAN DANS TON OEIL GAUCHE !

LE SANG DES UCHIWA.

MOI AUSSI, IL ME FAUT...

FWP

...

C'EST MOI QUI AI CRÉÉ...

... LE VILLAGE CACHÉ D'OTO NO KUNI...

QUE PRÉPARES-TU ENCORE ?

JE CROIS QUE TU AS SAISI, MAINTENANT...

TOUJOURS TES SATANÉES AMBITIONS...

OUI, ÇA N'A PAS CHANGÉ DANS LES GRANDES LIGNES.

... J'AI BESOIN DE CERTAINS PIONS.

ET POUR CE FAIRE...

ALLEZ... RELÈVE-TOI !

!

スッ··· SWUP

ムフ··· Uorgh

!!

FVROOO

FVROOO

FVROOO

NGH...

VOIS COMME ILS SONT NOMBREUX ET AFFAMÉS.

TU VOIS, TU AURAIS MIEUX FAIT DE M'ÉCOUTER TOUT À L'HEURE.

C'EST UN ESSAIM D'INSECTES DESTRUCTEURS. ILS ATTAQUENT LEUR PROIE EN DÉVORANT SON CHAKRA.

BON SANG...

SI TU TE SERS ENCORE DE TA TECHNIQUE CONTRE MOI, AVEC TON BRAS GAUCHE...

... TU PRÊTERAS LE FLAN AUX INSECTES.

L'ABANDON SERAIT UN CHOIX...

RAISON- NABLE.

C'EST L'ATOUT QUE JE GARDAIS EN RÉSERVE !

... TU ME LAISSERAS UNE OUVERTURE.

À L'INVERSE, SI TU DIRIGES TON ATTAQUE SUR LES INSECTES ...

RETOURNE LE PROBLÈME COMME TU VEUX, TU AS PERDU.

SI TU NOUS REJOINS ICI, TU DEVIENDRAS FORT.

RRRR...

JE VOIS DE GRANDES POSSIBILITÉS EN TOI ...

MONTRE-MOI CE QUE TU AS DANS LE VENTRE ...

JE NE TOLÉRERAIS PAS...

ET JE TE RENDRAIS ENCORE PLUS FORT.

BATS-TOI POUR MOI...

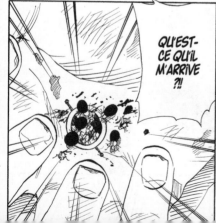

TOUT À L'HEURE PENDANT NOTRE PETITE CONVERSATION, J'EN AI PROFITÉ POUR COMMANDER AUX INSECTES DE S'ENGOUFFRER DANS CET EMBARRASSANT PETIT TROU D'AÉRATION ET DE L'OBSTRUER.

ÇA, C'EST UN AS DE QUALITÉ.

CEUX QUI PARTICIPENT AU CONCOURS EN CE MOMENT...

...

SDAAA

ESPÈCE DE...

NE SONT...

... QUE DES PIONS À SACRIFIER.

TOUT CE QUE TU FAIS EST SI VAIN...

TES PAROLES ET TES ACTES...

SON CŒUR SE NOIRCIT...

SAISIS-TU ? IL EST ASSOIFFÉ DE VENGEANCE...

QUOI ?

SON PROFIL EST VRAIMENT INTÉRESSANT.

ET POUR ATTEINDRE SON BUT.

LE SCEAU QUE TU AS APPOSÉ NE SERA D'AUCUNE UTILITÉ.

?!

TU PARLAIS DE ME VAINCRE, NON ?

TU VEUX ESSAYER ?

IL VOUDRA S'ABREUVER DE MON POUVOIR !!!

IL VIENDRA À MOI. C'EST INÉLUCTABLE.

MAIS SASUKE N'EST PAS...

TU PENSES POUVOIR EN TIRER PROFIT...

ZIP

TAP

T'EN CROIS-TU RÉELLE-MENT CAPABLE ...?

70e ÉPISODE
POUR QUI SONNE LE GLAS...?!

JE SUIS COMPLÈTEMENT FOU...

HAA ~

"LE VAINCRE"...?!

HAA ~

FWOP

BON...
ON NE
VA PAS
ALLER
PLUS
LOIN.

FWAP FWAP

NEJI...
TU AS
VU CE
TYPE ?!

...

FWAP

BYAKUGAN!!!

CE N'EST
PAS PAR
INVOCATION
QU'IL A FAIT
APPARAÎTRE
LES
INSECTES...

C'EST
EF-
FRAYANT
...

!!

KZiiiiM

RÉPÈTE ÇA !?!

IL LES HÉBERGE À L'INTÉRIEUR DE SON CORPS !

IL EST D'UNE FAMILLE ORIGINAIRE DE KONOHA QUI A LE POUVOIR DE CONTRÔLER LES INSECTES ...

SES MEMBRES, DÈS LEUR NAISSANCE ...

... FONT DE LEUR CORPS UN NID POUR LES INSECTES.

J'AI ENTENDU PARLER DE L'HISTOIRE DE CETTE LIGNÉE ET DE SA TRADITION SECRÈTE ...

... IL SERAIT DONC UN DESCENDANT DE CETTE FAMILLE ...

EN ÉCHANGE, ILS LEUR DONNENT CONTINUELLEMENT DU CHAKRA À DÉVORER...

ILS LES COMMANDENT À MAIN LEVÉE, SE REPOSANT ENTIÈREMENT SUR EUX POUR LE COMBAT.

CHAKRA

JE NE COMPRENDS PAS POURQUOI SES BRAS ONT EXPLOSÉ.

QUEL DOMMAGE POUR ZAKU...

DES INSECTES...

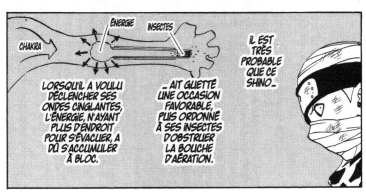

ÉNERGIE

INSECTES

CHAKRA

LORSQU'IL A VOULU DÉCLENCHER SES ONDES CINGLANTES, L'ÉNERGIE, N'AYANT PLUS D'ENDROIT POUR S'ÉVACUER, A DÛ S'ACCUMULER À BLOC.

... AIT GUETTÉ UNE OCCASION FAVORABLE, PUIS ORDONNÉ À SES INSECTES D'OBSTRUER LA BOUCHE D'AÉRATION.

IL EST TRÈS PROBABLE QUE CE SHINO...

SES BRAS, QUI SONT DE VÉRITABLES CANONS, ONT ALORS ÉCLATÉ ET ÉTÉ PROJETÉS DANS LES AIRS.

!

VAINQUEUR :
SHINO
ABURAME

MAIS
JE ME
CHARGE DE
RÉGLER TES
COMPTES.

ZAKU, TU
N'ÉTAIS POUR
MOI QU'UN
SIMPLE
COMPAGNON
DE MISSION...

FWIP

STAP

HUN
HUN
HUN

JE ME
DISAIS BIEN
QU'IL ÉTAIT
UN PEU
SINISTRE...

C'EST PAS
VRAI, ÇA ! IL
EST SI FORT
QUE ÇA, CE
SHINO ?! J'EN
REVIENS
PAS !!

J'EN
AI FROID
DANS LE
DOS...

OUF
...

TAP

TAP

IL SE
DONNE
DES AIRS
DE LEADER
MAINTENANT,
NON MAIS
JE RÊVE ?!

NGH...

MOUAIS !

JE N'EN
ATTENDS
PAS
MOINS DE
VOUS.

BELLE
PERFOR-
MANCE
!!!

AH...
SHINO...
FÉLICITA-
TIONS...

SWUP

WOUF

!! MAÎTRE KAKASHI !!!

YO !

POURSUIVONS... COMBAT SUIVANT !

Kof!

!

FWIP

ET SASUKE, MAÎTRE ? COMMENT VA-T-IL ?!

YO ? C'EST TOUT CE QUE VOUS TROUVEZ À DIRE ?

AH !

OUF

ENFIN... AVEC QUELQUES GARDES DU CORPS...

IL EST HORS DE DANGER. IL DORT COMME UNE SOUCHE À L'INFIRMERIE.

ZAM

MISUMI TSURUGI VS KANKURÔ

QUE LE TROISIÈME COMBAT COMMENCE.

JE ME SOU- VIENS DE LUI ...

!

À MOI DE JOUER...

PAS TROP TÔT.

C'EST AU TOUR DE CE DÉBILE.

...

IL A L'AIR TELLEMENT ARROGANT, KANKURÔ...

ATTENDS- TOI À UN DÉNOUE- MENT RAPIDE.

JE TE LE DIS D'ENTRÉE : SI J'UTILISE UNE DE MES TECHNIQUES, C'EST LA FIN POUR TOI. T'AS TOUT INTÉRÊT À LAISSER TOMBER VITE FAIT.

JE TE PRÉVIENS : JE NE SUIS PAS YOROÏ.

MÊME AVEC LES GAMINS DANS TON GENRE, JE NE LAISSE RIEN AU HASARD.

SLAP

SI C'EST COMME ÇA...

DÉCLARE FORFAIT PENDANT QU'IL EST ENCORE TEMPS !

SCRUP

UN BATTEMENT DE CILS... ET SANS ATTENDRE TON ABANDON...

JE TE BRISE LES VERTÈBRES !!!

J'IGNORE DE QUELLES ARMES TU T'ES DOTÉ...

MAIS BLOQUÉ COMME ÇA, CELA NE TE SERVIRA PAS À GRAND-CHOSE...

COMPTE PAS LÀ-DESSUS ~

HE HE

...

HAA

HAA

C'EST POUR TOI QUE SONNE LE GLAS.

CRAAC

TU TIENS TELLEMENT À MOURIR ...?!

GNiiiiF

ワグワグ

×丰

HNG

SRiiiich SKRAAAC

...!!!

IL LUI A BRISÉ LES VERTÈBRES...

QUOI?!

ZA ZA

CLOK CROC

JE N'AI PAS SENTI MA FORCE ET JE L'AI TUÉ.

BLOM

BLAN

KLOK

PFFF... ON S'EN-NUIE.

愛

PFYUU

TSSS...

LE MAL-HEU-REUX...

...

ET C'EST TOI QUI PARLES ?

HA HA... BIEN ENVOYÉ !!!

N'IMPORT' QUOI ! N'IMPORT' QUOI !

Y'A QUE DES MUTANTS ICI, DE TOUTE FAÇON !

BIEN, PASSONS À LA 4e RENCONTRE.

REGARDE.

KZLM

PARDON ?

POM

CE N'EST PAS LE MOMENT DE RICANER, SAKURA.

SAKURA HARUNO VS INO YAMANAKA

LE MUR INFRANCHISSABLE...!!

BOM

BOM BOM

BOM

!

FLAP

FLAP

FWiP

C'EST VRAIMENT LE DESTIN.

QUI L'AURAIT CRU...

FWOOP

···

C'EST QUOI CE CIRQUE ?

LA QUESTION EST DE SAVOIR SI ELLE VA POUVOIR SE DONNER À FOND FACE À SAKURA...

ELLE NE PAYE PAS DE MINE, MAIS ELLE ÉTAIT SANS RIVALE PARMI LES ASPIRANTES KUNOICHI*.

*KUNOICHI : FEMME NINJA.

···COMMENT TU VAS TE TIRER D'AFFAIRE···

VOYONS VOIR...

EST-CE QU'INO FERA LE POIDS?

QUELLE POISSE !

IL A FALLU QU'ELLES TOMBENT L'UNE SUR L'AUTRE...

... CAR LES KUNOICHIS SE DOIVENT DE RECEVOIR UNE ÉDUCATION ET UN VASTE SAVOIR.

ICI, VOUS N'ÉTUDIEREZ PAS QUE LE NINJUTSU,

!

LE COURS D'AUJOUR-D'HUI PORTERA SUR LE IKEBANA.

VOUS SEREZ AMENÉES PARFOIS À VOUS LIVRER À DES ACTIVITÉS D'ESPIONNAGE.

Gooic

OUI, MADAME !!!

COMMENCEZ PAR CUEILLIR CHACUNE UN BOUQUET DE FLEURS.

EN TERRITOIRE ENNEMI, PAR EXEMPLE, VOUS DEVREZ VOUS FONDRE DANS LA POPULATION ET AGIR COMME DES FEMMES ORDINAIRES...

SBAM
ドサ！
GYA

ATTENDS-
MOI,
INO...!

TAP
TAP

!

ET
TOI
INO
?

JE SUIS
NULLE
POUR CE
GENRE DE
CHOSES
...

PFF...

QUELLE
IDIOTE.

TU N'AS
QU'À
RAJOUTER
D'AUTRES
FLEURS
AUTOUR,
POUR
DÉCORER...

UNE FOIS
QUE TU
AS CHOISI
LA FLEUR
PRINCIPALE
...

IL Y A UNE
CHOSE TRÈS
IMPORTANTE À
COMPRENDRE.

COMMENT...
TU T'APPELLES
SAKURA* ET TU
NE CONNAIS
RIEN AUX
FLEURS ?!

PFFF...

AH,
BON,
QUOI
DONC ?

*SAKURA
SIGNIFIE
CERISIER.

ET PUIS, JE SUIS BEAUCOUP PLUS FORTE QUE TOI MAINTENANT, ÇA NE FAIT PAS UN PLI.

DE TOUTE MANIÈRE, TU FERAIS UNE TRÈS MAUVAISE COMPAGNE POUR LUI.

DE QUOI TU PARLES ?

JE NE TIENS PAS À ME DISPUTER AVEC TOI POUR SASUKE.

AUJOUR-D'HUI...

Kzim

NE FORCE PAS TA CHANCE, PETITE MORVEUSE !!!

MAIS TU SAIS À QUI TU T'ADRESSES, SAKURA ?

HMM...

LES YEUX D'INO... ÇA FOUT LA TROUILLE

C'EST PAS BON, ÇA !

ELLE LA RAMÈNE TROP, SAKURA...

NI À CHERCHER À BLESSER LES AUTRES.

SAKURA N'EST PAS DU GENRE À SE VANTER.

... C'EST TOUT CE QU'ELLE DÉTESTE.

MAIS ELLE NE VEUT PAS RECEVOIR DE TRAITEMENT DE FAVEUR DE LA PART D'INO...

QUOI DONC ?

DIS-MOI, INO ?

UN BOUR-GEON...

D'ACCORD...

スッ FWP

JE FERAIS LA MÊME CHOSE...

VRAP

SAKURA...

TRÈS BIEN.

!!

QUELLE
RAPIDITÉ
!!!

TA TA DAM
ター ター

DAM ター

... ÇA
LAISSE
DES
TRACES
SUR LE
SOL.

ELLE
CONCENTRE
SON CHAKRA
DANS SES
PIEDS.

BAAASH

KYAAA!!!

JE NE
VAIS PAS
Y ALLER
DE MAIN
MORTE...!

RAVIE QUE
TU ME LE
PROPOSES
...

HUMPF

VIENS ET
MONTRE-
MOI CE
QUE TU AS
DANS LE
VENTRE !

SI TU PENSES
TOUJOURS QUE
JE SUIS SAKURA
LA PETITE
MORVEUSE, TU
VAS TOMBER
DE HAUT !

WAP

LE PETIT MONDE DE
MASASHI KISHIMOTO
ENFANCE 7-9

J'AI DÉCOUVERT AVEC DRAGON QUEST CE QUI EST AUJOURD'HUI INSTINCTIF POUR L'UTILISATEUR DE WINDOWS. MAIS JE NE COMPRENAIS PAS TOUT. EN TÂTONNANT, J'AVAIS QUAND MÊME FINI PAR TROUVER COMMENT ON LANÇAIT LE SORT "HOIMI". APRÈS QUATRE HEURES PASSÉES À DRAGON QUEST, JE MANIPULAIS PARFAITEMENT LE SYSTÈME DE NAVIGATION, SAUF QUE NOUS AVIONS ÉTEINT LA CONSOLE SANS SAUVEGARDER AVEC LE SORT DE RÉINCARNATION. MON PÈRE EST ALORS ARRIVÉ DANS LE SALON ET JE ME SOUVIENS TRÈS BIEN DE CE QU'IL A DIT : "LAISSEZ-MOI ESSAYER UN PEU, MOI AUSSI". JE GARDE UN TRÈS BON SOUVENIR DE CETTE NUIT PASSÉE À JOUER À DRAGON QUEST ENTRE PÈRE ET FILS.

MON PÈRE, QUI N'AVAIT JAMAIS MANIFESTÉ LE MOINDRE INTÉRÊT POUR LES JEUX VIDÉOS, AVAIT RÉAGI TRÈS POSITIVEMENT À DRAGON QUEST. C'ÉTAIT MYSTÉRIEUX. LA SÉRIE DES DRAGON QUEST CONNUT UN GRAND SUCCÈS. ON EN EST AU 7E ÉPISODE AUJOURD'HUI. L'AUTRE JOUR, J'AI APPELÉ CHEZ MES PARENTS ET JE SUIS TOMBÉ SUR MON PÈRE. APPAREMMENT, IL VENAIT DE FINIR LE JEU.

...

ÇA ME PARAÎT ÉVIDENT !!!

MINUTE... ELLE SERAIT PAS PLUS FORTE QUE MOI ?

POUR UNE DÉBUTANTE SON CONTRÔLE DU CHAKRA EST EXCEPTIONNEL. ELLE A PRIS DE L'ASSURANCE.

ÇA, C'EST DU GRAND SAKURA ! DÉLIRE !

SON CHAKRA CIRCULE DANS LES MOINDRES RECOINS DE SON CORPS ET LE TIMING DE SES ATTAQUES EST EXCELLENT.

DE CE POINT DE VUE, ELLE SURPASSE MÊME SASUKE.

DASH

SAKURA !!!

ELLE A VRAIMENT UN DON POUR ÇA...

... ELLE M'A LAISSÉ PANTOIS...

DÈS LE DÉBUT, POUR CE QUI EST DU CONTRÔLE DU CHAKRA ...

DASH

PAAASH

GNNNN

TCHAK

TCHAK

STAP

SHHKLING

ELLES SONT DE FORCES ÉGALES. LE COMBAT RISQUE DE SE PROLONGER.

SON ADVERSAIRE N'EST PAS EN RESTE, NON PLUS.

FWSHH

DEPUIS QUAND... EST-ELLE AUSSI FORTE ?!!

PRENDS ÇA...!!

JE PEUX LE FAIRE...

JE PEUX LUI PORTER DES COUPS.

ÇA NE FINIRA JAMAIS...

WOW !

BROOOSH

ÇA FAIT DÉJÀ 10 MINUTES QUE ÇA DURE.

ÇA S'ÉTER- NISE.

HUNG!

HAA

HAA

HAA

HAA

HAA

HAA

HAA

HAA

EN TOUT CAS, C'EST SÛR QUE JE NE PEUX PAS RIVALISER...

PEUH !

...AVEC TA COUPE DE CHEVEUX RINGARDE

TU NE PEUX PAS RIVALISER AVEC MOI !!!

C'EST IMPOSSIBLE !!!

JE VAIS TE DONNER SATISFACTION.

ZUP

PUISQUE ÇA A L'AIR DE TE PERTURBER...

GRRR

!

スッ fwp GNOO クッ

QU'EST-CE QU'ELLE VA FAIRE ENCORE ?!

NON, MAIS QUELLE IDIOTE ! ELLE TOMBE DANS SES PROVOCA- TIONS...

J'AIME PAS QUAND ELLE EST COMME ÇA.

VOILÀ CE QUE J'EN FAIS.

GWOOOOSH!

ÇA T'EPATE, HEIN ?!

GRRR

HEHE... J'ÉTAIS SÛRE QU'ELLE MARCHE-RAIT...

BON SANG ! ELLE A PÉTÉ LES PLOMBS !!!

PWOOF

TU VAS IMPLORER MON PARDON !

ON APPROCHE DE L'ÉPILOGUE !!!

Fwop

ELLE EST PAS BIEN DANS SA TÊTE...

...

fop

...

EST-CE QUE PAR HASARD...

...

J'Y CROIS PAS...

ELLE NE RAISONNE PLUS, L'IMBÉCILE.

AUCUN DOUTE. ELLE PRÉPARE SA TECHNIQUE DE "POSSESSION".

CE SIGNE, C'EST...

!

CETTE ATTAQUE CONSISTE À RASSEMBLER TOUTE SA FORCE PSYCHIQUE ET L'ENVOYER SUR SON ADVERSAIRE...

LA TECHNIQUE NINPÔ DE POSSESSION...

... AFIN DE PRENDRE CONTRÔLE DE SON ESPRIT PENDANT QUELQUES MINUTES.

MAIS ÇA NE T'AVANCERA À RIEN.

JE VOIS BIEN QUE TU PANIQUES...

Niark

C'EST CE QU'ON VERRA...

TSSS

ENSUITE, SI LE FLUX D'ÉNERGIE DÉVIE DE SA TRAJECTOIRE ET MANQUE SA CIBLE...

IL NE RETOURNERA PAS À SON POINT DE DÉPART AVANT DE LONGUES MINUTES.

D'ABORD, L'ÉNERGIE QUE PROJETTE L'ASSAILLANT...

...SE DÉPLACE EN LIGNE DROITE ET À FAIBLE VITESSE...

C'EST UNE TECHNIQUE EFFROYABLE, MAIS ELLE PRÉSENTE DES INCONVÉNIENTS MAJEURS...

RESTERA INERTE COMME UN PANTIN !!!

C'EST-À-DIRE QUE LE CORPS DE L'ASSAILLANT...

SI L'ADVERSAIRE CONTRE L'ATTAQUE, ON RISQUE DE SE FAIRE ROUER DE COUPS DURANT L'IMMOBILITÉ.

C'EST INEFFICACE SI L'ADVERSAIRE SE DÉPLACE...

DANS CE CAS, HAYATE DEVRA METTRE FIN AU COMBAT.

C'EST UNE TECHNIQUE D'ESPIONNAGE, À L'ORIGINE...

INO... RECOURIR À CETTE TECHNIQUE EN COMBAT, C'EST DU SUICIDE.

ON NE PEUT PAS SAVOIR SI ON N'ESSAYE PAS !

ET ALORS ?!

C'EST ABSURDE !

CETTE TECHNIQUE EST CENSÉE SE COMBINER AVEC MA "MANIPULATION D'OMBRES", UNE FOIS QUE J'AI IMMOBILISÉ LA CIBLE.

... TU PIGES ?

SI TU RATES, C'EST LA FIN...

DASH

TU VAS TE PLANTER...

ARRÊTE, IMBÉCILE !!!

!!

!

!

?!

"LA POS- SES- SION" !!!

TECH- NIQUE NINPÔ

ZOM

HIHIHI
...

QUEL
DOMMAGE
...

QUI
EST
QUI
?

HMM

SCRT

INO.

BON, C'EST FINI.

FOIRAGE TOTAL...

ET VOILÀ, C'EST FINI.

...

TU AS SAISI, SAKURA ?

!

!!

QU'EST-CE QUE...

MHM ?

Hi Hi

♡

JE TE TIENS.

MALHEUR...

MES CHEVEUX SONT DE VÉRITABLES LIANES, PARCOURUES DE CHAKRA.

IMPOSSIBLE DE BOUGER, N'EST-CE PAS ?

DANS TA COURSE IRRÉFLÉCHIE, TU T'ES JETÉE À PIEDS JOINTS DANS MON PIÈGE.

HÉHÉ... QUAND J'AI COMPOSÉ LE SIGNE, C'ÉTAIT UNE RUSE.

N G H...

JE VAIS MAINTENANT PRENDRE POSSESSION DE TOI...

ET ME DÉCLARER PERDANTE !

STAP

IMPOSSIBLE DE MANQUER MA CIBLE, MAINTENANT !!!

FWOOP

QUEL COUP DE BLUFF !

BIEN VU.

BON...

JE NE PEUX PAS BOUGER D'UN POUCE !

NGH...

Vampires,
ma soif de vengeance
est bien plus forte
que votre soif de sang!

UN SHONEN D'HÉROÏC FANTASY !

Dans des territoires peuplés de monstres-insectes
et plongés dans une nuit éternelle vivent et travaillent,
au péril de leur vie, des agents postaux très spéciaux :

les Letter Bees !

Le jeune Lag porte sur lui un bon de livraison :
Lag est le premier colis que Gauche, le Letter Bee,
doit livrer ! L'aventure ne fait que commencer !!

www.kana.fr   **SHONEN – Série finie en 20 tomes**

TEGAMIBACHI © 2006 by Hiroyuki Asada/SHUEISHA Inc., Tokyo

HUNTER×HUNTER

ハンター ハンター

de Yoshihiro Togashi

L'imagination au pouvoir...

Gon, doit passer l'examen des hunters s'il veut retrouver son père. Devenir un aventurier moderne n'est pas toujours de tout repos. Les étapes se multiplient et avec l'aide de ses amis, il fera découvertes sur découvertes. De la grande aventure pleine de rebondissements !

Ce manga est publié dans son sens
de lecture originale, de droite à gauche.

Ici, vous êtes donc à la fin.

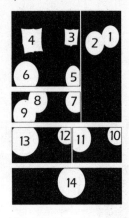

NARUTO

NARUTO © 1999 by Masashi Kishimoto
All rights reserved.
First published in Japan in 1999 by SHUEISHA Inc., Tokyo.
French translation rights in France and French-speaking Belgium, Luxembourg, Switzerland and Canada
arranged by SHUEISHA Inc. through VME PLB SAS, France.

© KANA 2003
© KANA (DARGAUD-LOMBARD s.a.) 2022
7, avenue P-H Spaak - 1060 Bruxelles
19e édition

Achevé d'imprimer en décembre 2021 • Dépôt légal : octobre 2003
d/2003/0086/401 • ISBN 978-2-8712-9552-5

Traduit et adapté en français par Sylvain Chollet
Conception graphique : Les Travaux d'Hercule
Adaptation graphique : Éric Montésinos

Imprimé et relié en Italie par GRAFICA VENETA
Via Malcanton 2, 35010 Trebaseleghe (Pd)

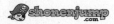